Encontrar la fluidez para principiantes

Cómo alcanzar fácilmente el estado de flujo y trabajar más rápido con una productividad inimaginada, concentrarte mejor y estar más satisfecho

Katharina Neuberg

CONTENIDO

Qué puedes esperar de este libro

¿Tú también estás cansado de ir cada día al trabajo sólo para intentar que el tiempo pase rápido? ¿De poner todas tus fuerzas y energía en tu trabajo cada día, sólo con la esperanza de volver pronto a casa? ¿De esperar al día siguiente cada noche ya desprovisto de motivación? Así es para un gran número de personas, incluso para las que realmente han centrado su selección de trabajo en encontrar algo que se ajuste a sus intereses. Por supuesto, esto puede hacernos la vida muy difícil; al fin y al cabo, trabajar es una actividad a la que dedicamos casi toda nuestra vida, ya que garantiza nuestra supervivencia económica. Si te encuentras en esta situación, que parece desesperada, has elegido el libro adecuado.

Aquí aprenderás no sólo qué es exactamente lo que el estrés constante, la preocupación y la falta de motivación te hacen a ti y a tu salud, sino también qué puedes hacer al respecto. Porque sí, es posible trabajar sin esta inercia. Incluso es posible relajarte más en el trabajo que en tu tiempo libre. Al hacerlo, no sólo el tiempo pasa rápidamente, sino que realmente lo disfrutas. Para ello, sólo tienes que conseguir trabajar con fluidez.

La experiencia del flujo

¿QUÉ SIGNIFICA "FLUIR"?

En primer lugar, el término "flow" procede del inglés y significa "fluir". En el contexto del trabajo, puede que al principio no tenga mucho sentido, pero puede describirse como el trabajo y el esfuerzo que fluyen de la persona, por así decirlo. Puesto que algo que fluye se produce automáticamente, no es necesario realizar un gran esfuerzo. Así pues, el nombre flujo ya dice que uno disfruta haciendo el trabajo aquí y está relajado, en lugar de verlo como un esfuerzo y/o una carga. En psicología se reconoce profesionalmente el término "fluir", que surgió gracias al psicólogo Mihaly Csikszentmihalyi.

¿QUIÉN ES MIHALY CSIKSZENT-MIHALYI?

Mihaly Csikszentmihalyi fue el descubridor del flujo. No sólo fue el primero en observarlo, sino que también fue capaz de destacar sus características y explicar qué es necesario para entrar en ese flujo, por ejemplo en el trabajo.

Nació en Italia el 29 de septiembre de 1934, pero no permaneció allí mucho tiempo, ya que emigró a EEUU en el curso de sus descubrimientos. La fiabilidad de sus investigaciones queda demostrada por el hecho de que no sólo ha trabajado en universidades de Italia, sino también de Finlandia, Canadá y Brasil. Además, no sólo ha sido director del "Centro de Calidad de Vida", sino también profesor en la "Claremont Graduate University" de California.

El propio Csikszentmihalyi tuvo que pasar por muchas cosas en su vida, lo que probablemente fue una de las razones por las que se lanzó a la búsqueda de la felicidad. Como se desprende de su año de nacimiento, tuvo que vivir la Segunda Guerra Mundial a una edad muy temprana. No sólo tuvo que experimentar de primera mano los horrores difíciles de imaginar de la guerra, sino que también fue testigo de lo que el dolor y el sufrimiento pueden hacer a los demás, incluida su propia familia. Y sin embargo, un hombre lleno de traumas y heridas ha encontrado el secreto de la satisfacción. Probablemente nadie esté en mejores condiciones para hacerlo tampoco; al fin y al cabo, suelen ser las personas que han pasado por mucho las que más aprecian lo positivo de la vida.

Así que el inventor del flow se planteó la cuestión de cómo se puede llegar a ser feliz, sin importar quién se es ni qué le ha formado. Su primera aproximación fue en los campos del arte, la religión y la filosofía. Esto se debe al hecho de que muchas personas se han perdido en su arte o en el trabajo de su vida, incluso lo han visto como el sentido de su vida. Esto también forma parte del flujo.

Otros han encontrado la felicidad en creer en un poder superior o en ocuparse del significado de la vida misma, pero Csikszentmihalyi se ha dado cuenta de que no es el tema sino el enfoque. Tropezó con el campo de la psicología en Suiza, cuando asistió a una conferencia de Carl Jung sobre el trastorno de estrés postraumático en los europeos posteriores a la II Guerra Mundial. Jung le fascinó tanto que empezó a estudiar tanto su obra como la de Freud, lo que finalmente le llevó a emigrar a Chicago cuando tenía 22 años. Aquí se licenció en Filosofía y Letras y se doctoró en Filosofía.

En los años 70, Mihaly Csikszentmihalyi descubrió el flujo y desarrolló su famosa teoría del flujo. Lo hizo preguntando a distintos grupos de edad y grupos profesionales cómo experimentan la felicidad y cuándo lo hacen.

Al principio, se centraba sobre todo en los deportistas de competición, ya que parecen estar satisfechos con su vida a pesar de sus fracasos y de la presión constante para rendir. Con el tiempo, ha ampliado sus encuestas para incluir cada vez más actividades y personas diferentes.

A pesar de la diversidad de los participantes, encontró paralelismos que no dependían necesariamente de los propios individuos, sino de las percepciones subjetivas de las actividades. Como muchos otros, el descubridor del flujo se dio cuenta de que la felicidad no depende de influencias externas, sino que procede del interior. Uno no puede obtenerla mediante el materialismo o la dependencia de los demás, sino que debe obtenerla por sí mismo, tanto mental como emocionalmente.

Aunque uno sea capaz de hacerlo, la capacidad de ser feliz no es algo a lo que uno pueda aferrarse permanentemente, ya que uno puede ser golpeado por golpes del destino una y otra vez o incluso sufrir un mal día de vez en cuando. Sin embargo, hasta cierto punto eres responsable de influir en tu propia felicidad. Puedes determinar lo mal que te sientes en los días malos y lo rápido que te recuperas. Pero, ¿cómo lo haces exactamente?

QUÉ HACE QUE EL FLUJO

Las características del flujo pueden describirse de forma clara e inequívoca mediante ocho características diferentes. Éstas se dividen en dos categorías. Las tres primeras indican los requisitos previos necesarios para experimentar el flujo. Los otros, en cambio, son una descripción de cómo se experimenta el flujo, porque aunque esta experiencia sea subjetiva e individual, existen sin embargo sentimientos o sensaciones coherentes hacia la actividad. Las ocho características del flujo son las siguientes

1. Necesitas un objetivo que seguir y una respuesta directa mientras realizas la actividad.

Un ejemplo de ello es un partido de baloncesto. Dentro del juego, uno quiere meter una canasta, ya que esto supone ganar el partido. La actividad en sí consiste en el tiro. Durante la ejecución, se obtiene una retroalimentación directa, ya que acertar o fallar la canasta indica el éxito de la actividad.

2. Hay que ser capaz de reunir cierto interés y concentración por el tema de la actividad.

Este punto también puede relacionarse con el ejemplo mencionado anteriormente, porque convertirse en un atleta de competición requiere un alto nivel de interés así como de potencial, ya que alguien que no pueda reunir ninguna pasión real por este campo nunca llegaría a la arriesgada conclusión de ganar su dinero con el deporte.

3. La dificultad y las exigencias de la actividad deben adaptarse al rendimiento de la persona activa.

Este punto es uno de los más importantes para poder sentir la experiencia de fluir. Si el nivel de dificultad es demasiado bajo, habrá una falta de desafío. Si alguien que está escribiendo matemáticas en un nivel A está trabajando en tareas de la escuela primaria, esto no se corresponde con su nivel de aprendizaje.

Esto crea aburrimiento y el procesamiento de las tareas se percibe como molesto. Por otra parte, un alumno de primaria se siente abrumado por tareas que no corresponden a su nivel. Probablemente primero intentaría trabajar en las tareas, pero fracasaría, ya que esto supera su nivel. Esto le llevaría a la desesperación y, en última instancia, al abandono, que podría desembocar en una pérdida total de interés por las matemáticas.

Sin embargo, si a este alumno se le dan tareas matemáticas que corresponden a su trayectoria escolar, es capaz de trabajar en ellas, pero tiene que concentrarse en ellas y pensar en las soluciones. No hay un reto insuficiente ni excesivo, sino una proximidad al flujo.

4. Uno tiene la sensación de controlar la situación.

Esta característica es la primera que gira en torno a la experiencia del flujo. Muchos describen tener una sensación de control durante el flujo debido a los puntos mencionados anteriormente: que estás haciendo algo que te gusta hacer y que estás a la altura de la actividad. Esto también evita que las personas entren en pánico o caigan en una espiral de emociones negativas, ya que nada puede alterarlas y nada puede impedir el éxito, pues éste sólo depende de quien lo hace.

5. No debe haber un gasto energético elevado asociado a la actividad.

Esto puede sonar extraño al principio, teniendo en cuenta el ejemplo del baloncesto, pero no se refiere necesariamente a la actividad física. Se trata más bien de si la actividad es subjetivamente algo esforzado o algo que te resulta fácil. Si uno domina y disfruta jugando al baloncesto, esto no se considera psicológicamente como un gasto energético elevado, puesto que uno no tiene que esforzarse primero para realizar esta actividad, ya que disfruta haciéndola. Esto es similar al aspecto del interés, así como a la sobrecarga, porque la sobrecarga daría lugar sin duda a un esfuerzo excesivo.

6. El sentido del tiempo cambia.

Probablemente ya te habrás dado cuenta de que las personas tienen percepciones diferentes del tiempo en distintas situaciones. Si haces algo que no te gusta, como escuchar una conferencia sobre un tema que no te interesa, los minutos parecen convertirse en horas.

Sin embargo, si haces algo que te gusta, por ejemplo quedar con amigos, las horas pasan volando. Y lo mismo ocurre con el flujo. Como la actividad se ajusta a las necesidades e intereses personales, lo que significa que no hay mucho esfuerzo implicado, el tiempo parece pasar más deprisa. Esto puede ser muy práctico en el trabajo, ya que te da la sensación de que puedes irte a casa antes, lo que también te da más motivación para la siguiente jornada laboral. Por ello, el flujo también se denomina "modo sin tiempo".

7. La actividad y la persona activa se convierten en uno.

Aquí también se habla a menudo de una fusión de la actividad y el hacedor. Uno se pierde en la ejecución de la tarea cuando está en flujo. Como resultado, sólo te fijas en las cosas que son importantes para la propia tarea, en lugar de concentrarte en distracciones o influencias externas. Esto también se aplica a las cosas internas, como los sentimientos o los pensamientos.

Al fundirte con la actividad, desaparecen las emociones negativas, como las dudas o los miedos, que podrían influir en el flujo o incluso interrumpirlo. Las dudas significarían que ya no tendrías el control y tu concentración disminuiría. En el caso de una tarea matemática, sólo se sería consciente de la tarea y de ayudas como las calculadoras.

Si se trata de una actividad de grupo, como un partido de baloncesto, entonces sólo se percibe el grupo concreto y necesario de personas, en este caso el propio equipo, el equipo contrario y el entorno o, en este caso, el terreno de juego.

8. No sólo el logro del objetivo, sino también la forma en que se percibe como una experiencia de placer

Este punto es uno de los más importantes, porque si uno no percibe la acción, que se supone que está en flujo, como positiva, no puede haber interés especial, ni unidad ni esfuerzo. Si sólo se percibe el objetivo en sí como valioso, uno se concentra en él y el camino hacia él parece cada vez más arduo y largo.

Además, alcanzar un objetivo es sólo una pequeña fracción del tiempo que hay que dedicar a la actividad en sí. Por tanto, si uno sólo encontrara placer en el resultado de la situación, vería la mayor parte de la vida como algo agotador y un medio para alcanzar un fin. Sin embargo, si uno encuentra placer en la situación en sí misma, no importa cuándo alcance el objetivo en sí, porque no se presiona a sí mismo ni se desespera. En lugar de ello, uno se complace en el hecho de que puede dedicar aún más tiempo a la actividad para conseguir después el mejor resultado posible.

Como se desprende de las propias características, a grandes rasgos es posible establecer una división entre las condiciones para el flujo y la experiencia del flujo, pero no es definitiva. Cada punto refleja ambas cosas de alguna manera. Sobre todo, el hecho de que cada característica sea al mismo tiempo una condición se pone rápidamente de manifiesto. En cuanto una no se cumple, las demás tampoco pueden cumplirse como es debido.

Además, puedes ver en esta lista que el flujo en sí es algo puramente positivo. No hay ninguna fase en la que se sienta o incluso se permita la negatividad, sino que se encuentra alegría en todos los aspectos de una acción. Según Mihaly Csikszentmihalyi, nada más que la propia actividad tiene sentido en el fluir. Dice que incluso se disfruta tanto que se haría cualquier cosa para poder continuarla.

El control también suele ser un mecanismo de supervivencia cuando la vida parece desmoronarse. Especialmente en la situación de Corona, donde muchos sienten que apenas se puede influir en las cifras de infección y en la propia salud, necesitan algo que puedan controlar. Y esto es exactamente lo que Flow les proporciona, una situación positiva que sólo ellos pueden determinar y controlar. A través de este disfrute y control, uno se encuentra en un pico de habilidad en el flujo. Esto no sólo se aplica a las habilidades utilizadas, como el pensamiento lógico o la velocidad de carrera, sino que también se extiende a otras áreas. A través de este pico, también se refuerza la confianza en uno mismo, lo que permite seguir mejorando las propias habilidades, ya que uno no se deja abatir por la desesperación.

El nombre "fluir" se explica por el punto de fusión. El propio Csikszentmihalyi lo expresó así: "Su trabajo fluía fuera de ellos". Traducido y puesto en el contexto adecuado, esto significa que el trabajo prácticamente fluía de las personas que observaba una vez que estaban en flujo. No era necesario ningún esfuerzo porque la acción estaba completamente bajo su propia influencia y casi sucedía por sí misma.

Es importante mencionar de nuevo que la experiencia del flujo es muy individual y subjetiva. Es probable que en el flujo se perciban las ocho características, pero es igualmente posible que algunas se perciban más que otras. Por lo tanto, sólo se puede comparar la experiencia de flujo, pero no evaluarla como correcta o incorrecta.

LAS CONSECUENCIAS DEL FLUJO PARA EL CUERPO Y LA MENTE

El flujo no sólo se ha descubierto psicológicamente, sino que también se ha demostrado que tiene consecuencias positivas para las funciones corporales, así como para nuestra fortaleza psicológica.

Uno de sus efectos es que el flujo conduce a un estado de coherencia. En medicina, este término se refiere a la sincronía óptima entre la respiración, el pulso y la tensión arterial. Esto significa que cuando el pulso es bajo, la presión sanguínea no se dispara repentinamente y la respiración se detiene al mismo tiempo, sino que cuando el pulso está en el rango normal, la presión sanguínea también está en este rango y la respiración está tranquila, lo que conduce al suministro perfecto de oxígeno al cerebro.

Además, fomenta las relaciones entre las emociones, de las que es responsable el sistema límbico, y el pensamiento, controlado por el sistema cortical y el neurocórtex. Esto reduce significativamente el riesgo de desarrollar enfermedades mentales como el TDAH (trastorno por déficit de atención con hiperactividad) o el TEPT (trastorno por estrés postraumático). El estado de las personas que padecen estas enfermedades mejora incluso gracias a la coherencia y, por tanto, también gracias al flujo. También existe la coherencia psicológica, en la que los procesos de pensamiento de una persona son lógicos. Esto también es beneficioso para la psique, porque los patrones de pensamiento perturbados o las formas ilógicas de pensar fomentan las enfermedades mentales.

La relación entre los niveles emocional y mental no es lo único que mejora con el flujo. También existe una relación óptima entre el yo interior y el entorno. Esto es de gran importancia para cada individuo. Si uno sólo acepta las influencias externas, es muy posible que se pierda a sí mismo. Te conviertes en alguien que no eres y sólo te influyen los demás. Si, por el contrario, uno sólo se escucha a sí mismo, puede desarrollarse rápidamente el aislamiento, la amargura y una actitud negativa hacia el entorno. Por tanto, esta relación es importante porque da forma a la propia persona, además de influir en su socialidad.

El óptimo de esta relación se ha demostrado médicamente, ya que puede determinarse midiendo la variabilidad de la frecuencia cardiaca. Este procedimiento mide la función cardiaca, así como el factor de estrés, que se encuentran en el punto óptimo en el flujo. Desde el punto de vista neurológico, el flujo no se ha estudiado suficientemente hasta ahora, pero ya se dispone de los primeros resultados. Una de las investigadoras que se ha centrado en este campo durante un tiempo es Anne Dietrich.

Ha establecido un vínculo entre la baja actividad del córtex prefrontal y la fluidez. Esta última es responsable de las funciones cognitivas, que incluyen la autorreflexión y funciones de la memoria como el recuerdo. Esta actividad reducida procede de la regulación por hipofrontalidad. Esto puede explicar la sensación de alteración del sentido del tiempo, ya que también forma parte de la autopercepción.

También se altera la regulación del lóbulo prefrontal. Éste controla la memoria y la atención, así como la conciencia social y el carácter. Todos estos factores se ven influidos durante la experiencia de flujo. Especialmente la atención, que se centra por completo en la actividad del flujo. El flujo puede medirse incluso físicamente por diversos medios, lo que constituye una prueba más de su existencia. Por un lado, las entrevistas o incluso los cuestionarios, como el Cuestionario del Flujo, ayudan a averiguar si un individuo ha experimentado el flujo y con qué intensidad lo ha hecho. Siempre es importante señalar aquí que cada una de estas experiencias es individual y que sólo existen solapamientos. Este cuestionario trata en primer lugar de describir la experiencia de flujo en términos de cognición, motivación, capacidad y desafío. Después trata sobre la evaluación de distintas experiencias cotidianas y, por último, sobre la llamada experiencia anti-flujo.

Al mismo tiempo, también existe la escala de estado de flujo, de uso frecuente, que está disponible tanto en versión abreviada como en longitud original. En la original, hay unas 36 afirmaciones diferentes que puedes valorar en cinco dimensiones distintas. Entre ellas se incluyen las afirmaciones de si se está muy de acuerdo, de acuerdo, neutral, en desacuerdo o nada de acuerdo.

Aquí las afirmaciones giran en torno a las dimensiones de equilibrio demanda-habilidad, atención, fijación de objetivos, retroalimentación, concentración y control, fusión con la tarea, paso del tiempo y experiencia autotélica. Hay cuatro preguntas para cada una de estas dimensiones. En la versión abreviada, sólo hay una afirmación para cada dimensión. Los puntos que obtienes al final deciden si te has perdido en el flujo y en qué medida.

¿QUIÉN EXPERIMENTA EL FLUJO?

Básicamente, cualquiera puede experimentar el flujo y disfrutarlo. Por eso el flujo se percibe de forma tan subjetiva, ya que personas con experiencias y personalidades diferentes han descrito sus experiencias de flujo. Sin embargo, también ocurre que ciertas personas son más susceptibles que otras a la experiencia del flujo. Algunos rasgos de carácter hacen que sea más fácil dejarse llevar e interesarse por las cosas.

Según los estudios, son sobre todo las personas que también se cuidan a sí mismas y hacen sus actividades para sí mismas y no para los demás las que entran en el flujo. Estas personas suelen tener un alto nivel de curiosidad, determinación y rara vez son egoístas.

Las personas que padecen neuroticismo tienen menos probabilidades de experimentar el flujo porque el neuroticismo provoca reacciones muy emocionales, que conducen más rápidamente a la ansiedad y la duda. Puesto que el flujo requiere una sensación de control y atención plena, a estas personas les resulta difícil reprimir su emocionalidad. El sentido del deber también contribuye al flujo, ya que también les gusta asumir retos que no les supongan un desafío ni excesivo ni insuficiente.

Pero no sólo los rasgos de carácter influyen en la experiencia de flujo, sino también las sensaciones. También depende de la satisfacción, la motivación y el bienestar de la persona. Además, también es importante cómo valora uno su propia capacidad, porque esto le permite evaluar qué tareas corresponden a su capacidad y cuáles no. También es necesario un bajo nivel de ansiedad, porque de lo contrario uno también se verá influenciado emocionalmente.

¿CÓMO CONSIGO FLUIR?

Ya conoces las ocho características del flujo. Aunque éstas son útiles para comprender cómo lograr el flujo, hay otras formas de experimentar el flujo no sólo en ámbitos como el deporte u otras pasiones, sino también en lugares como el lugar de trabajo. Aquí es donde pasas gran parte de tu vida, lo que hace que sea aún más importante transformar este lugar en algo que aporte alegría. Esto hace que la vida merezca aún más la pena.

Como se ha mencionado varias veces, una parte importante del flujo es el control. Sin control sobre la situación, no se puede entrar en la experiencia del flujo, ya que esto no permitiría formar una unidad con la propia actividad. Conseguir este control no depende necesariamente de que nuestra vida se desarrolle actualmente fuera de nuestro pensamiento deseado, ya que no podemos influir en determinados acontecimientos, como la pandemia de Corona.

Para las personas que aún no han aprendido a tener el control de la situación, nunca es demasiado tarde, ya que tú mismo puedes desarrollar este sentido de autodeterminación, y así fluir. Las cosas que escapan a nuestro control a menudo nos hacen infelices porque nos sentimos indefensos e impotentes.

Sin embargo, puesto que se trata de encontrar la propia felicidad, es aún más importante que la actividad tenga lugar dentro de nuestra esfera de influencia, para que precisamente tengamos la sensación de que podemos hacer algo contra cualquier fracaso y acontecimiento negativo, así como contrarrestarlo. Otra fuente de infelicidad suelen ser los pensamientos humanos. Las preocupaciones y los miedos son el resultado de pensar demasiado, lo que puede darnos inseguridad y quitarnos toda estabilidad en la vida.

A menudo, esto hace que uno sea muy pesimista, ya que uno habla mal de las experiencias positivas dentro de su pensamiento, además de repasar las muchas y variadas posibilidades en que puede salir mal un acontecimiento. Precisamente por eso no hay que pensar demasiado, sino dejarse absorber por la acción en curso, pues de lo contrario se pierde el suelo bajo los pies y no se pueden desarrollar las verdaderas capacidades.

Pero si los pensamientos nos producen tanta insatisfacción, ¿para qué nos sirven? Básicamente, los pensamientos están ahí para reflexionar y así poder corregir determinados comportamientos o errores.

También nos ayudan a no actuar demasiado impulsivamente, por lo que las dudas no siempre son necesariamente algo negativo. Como apenas se cometen errores durante el flujo, no hay necesidad de incertidumbre ni de corrección. Por tanto, uno tiende a hacerlo perfectamente en este caso, centrándose sólo en sus propias acciones y no en los distintos escenarios que podrían tener lugar. Algunos individuos son incluso capaces de convertir los peligros temidos o incluso imaginados en algo positivo y pueden así poner aún más energía en el flujo de trabajo.

A estas personas se las llama autotélicas. Esto significa que nunca se aburren con la vida o los acontecimientos cotidianos, y que no caen en la duda debido a su forma optimista de pensar. Sin embargo, estas personas no son necesariamente especiales, porque cualquiera puede convertirse en una persona autotélica. Un ejemplo de ello es el llamado "Joe el soldador". Esta persona trabaja como soldador, que es un trabajo muy agotador y a menudo aburrido.

Además, de vez en cuando también puede haber problemas con los clientes, por lo que no todo el mundo describiría esta profesión como necesariamente agradecida. Un día Joe recibe una oferta de ascenso. Esto no sólo aumentaría su salario, sino que también le libraría del esfuerzo físico y de los clientes maleducados. Sin embargo, en lugar de aceptar el ascenso, decide continuar con su trabajo de soldador. ¿Por qué? Porque no sólo disfruta con su vocación, sino que además la ha perfeccionado a lo largo de los años, ha adquirido nuevas habilidades y, como resultado, ha llegado a ver su trabajo cada vez menos como tal y más como un pasatiempo. No se aburre con su trabajo y no duda de sí mismo ni de sus capacidades. Al contrario, está seguro de ello y se deja llevar cuando trabaja.

Su trabajo y su labor como soldador le hacen feliz. Una persona no autotélica, en cambio, probablemente habría aceptado un ascenso inmediatamente, porque perciben el trabajo como un objeto de odio y, por tanto, se desesperan por él. Sin embargo, no saben que probablemente se sentirán igual más adelante con su nuevo puesto de trabajo porque les falta fluidez.

¿CÓMO ME VUELVO AUTOTÉLICO AHORA?

Puesto que autotelia y flujo van prácticamente de la mano, las condiciones también son muy similares.

Necesitas, al igual que para la experiencia de flujo, un objetivo que persigas y que te ofrezca una retroalimentación inmediata. Sin un objetivo, a menudo careces de impulso, de lo contrario una actividad puede parecer rápidamente inútil.

Sin embargo, no sólo es importante el objetivo, sino también la propia acción. Es necesario poder sumergirse en ella. Esto significa que apenas se necesita esfuerzo para completarla y uno puede concentrarse por completo en su propia tarea. No sólo se alcanza el objetivo más rápidamente, sino que uno se pierde en la actividad, evitando así distracciones y pensamientos perturbadores.

También es muy importante la capacidad de prestar atención al momento en sí. A menudo las personas caen en un cierto patrón de preocuparse o también de esperar el futuro o también de pensar durante mucho tiempo en el pasado que es inmutable para siempre.

Esto es perjudicial para la propia felicidad, porque

si uno sólo piensa en lo que está por venir o en el pasado, en lugar de vivir en el aquí y ahora, probablemente siempre lo hará, ya que siempre habrá cosas en nuestra vida de las que nos arrepintamos, así como siempre nuevas preocupaciones que hagan que nuestro futuro parezca peor de lo que probablemente será. Si uno no vive en el tiempo presente, no puede perderse en una acción ni agradecer lo bueno de la vida. Otro aspecto a considerar describe la comprensión de las propias capacidades. Es imposible disfrutar de algo que no corresponda a la propia capacidad, ya que así nunca se podrá complacer a uno mismo ni a los demás. En lugar de ello, hay que recurrir a actividades en las que uno sea bueno, lo que permite mejorar constante y constantemente las propias capacidades, lo que conduce a la confianza en uno mismo y al orgullo.

Así, las personas autotélicas que están en flujo mejoran repetidamente sus habilidades. Por tanto, también son capaces de enfrentarse a retos cada vez más difíciles con el paso del tiempo, lo que a menudo conduce al optimismo, ya que uno tiene la sensación de que puede hacer frente a todo en la vida. Si uno no se enfrenta a nuevos retos e intenta mantenerse dentro de sus propios límites y, por tanto, seguro haciendo las mismas cosas, el aburrimiento se instala rápidamente y no se pueden mejorar las propias habilidades. Esto sería perjudicial para la propia felicidad. Buenos ejemplos de este tipo de acciones son los deportes y los videojuegos.

Cuando empiezas un nuevo deporte, puede que no estés preparado para practicarlo durante mucho tiempo, como el footing, porque tu resistencia necesita desarrollarse y mejorar. Si corres con constancia una y otra vez, tu resistencia mejorará y no sólo podrás correr más tiempo, sino también recorrer más kilómetros más deprisa.

A menudo, los videojuegos ya están adaptados al nivel de habilidad del jugador. El primer nivel es percibido como fácil por la persona que juega, ya que primero tiene que adaptarse a los controles y a la naturaleza del juego. De este modo, primero se llega a saber cómo funciona el juego y cuál es la mejor forma de completarlo. Los niveles se vuelven cada vez más difíciles y a menudo se necesita más de un intento para completarlos.

Mediante esta práctica, al individuo que juega le resulta más fácil realizar determinados controles. Si el último nivel fuera igual que el primero, uno se quedaría rápidamente corto, ya que no se correspondería más con las habilidades mejoradas. El problema de este tipo de actividades, sin embargo, es que también puede conducir muy pronto a la adicción, ya que uno sólo se concentra, por ejemplo, en los videojuegos y descuida así el resto de la vida y otras experiencias de flujo. Una adicción también provoca una pérdida de control. Vuelves a estar expuesto a cosas sobre las que no puedes influir o que son muy difíciles de influir. Así pues, esta compulsión lleva a ser infeliz. Por tanto, hay que realizar estas acciones con regularidad, pero también con suficientes descansos e intervalos en los que uno se ocupe de otras áreas de la vida.

En cierto modo, el flujo es comparable a la llamada atención plena budista. Se trata de un estado en el que uno sólo es consciente de lo que está presente y de sus propios procesos de pensamiento y sentimientos, sin juzgarlos. El objetivo, al igual que con el flujo, es crear un estado de atención desnuda.

Al apartar de uno mismo todo juicio, no se ve perturbado por la duda o la autocrítica, lo que también se dice que ocurre en la experiencia de flujo. El objetivo del budismo también se denomina "moksha", que describe la liberación de toda negatividad. Esto también podría utilizarse para describir el objetivo del flujo, ya que se trata del objetivo de llegar a ser feliz, lo que excluye la negatividad. El yoga es muy beneficioso para lograr esta atención plena y dar el primer paso hacia la autotelia. Aquí te concentras sólo en lo que ocurre en el aquí y ahora, y también vuelcas toda tu concentración en tu propio cuerpo y mente. Es un buen ejercicio para aprender a liberarte de distracciones no deseadas y maximizar tu atención.

Puesto que a muchos el yoga les parece cuestionable, también hay otras formas de mejorar la atención plena. Ésta también puede mejorarse haciendo cosas cotidianas como comer, cocinar o leer. Especialmente al leer, ya que sólo puedes progresar con una concentración real, de lo contrario, el significado de algunas frases no suele quedarte claro de inmediato.

Otra comparación adecuada con la experiencia del flujo es la descrita por Freud. Uno se fortalece a sí mismo con cada inmersión en el flujo, algo que Freud también intentó hacer. Se compara especialmente bien con su construcción del id, el ego y el superego. Aquí hay un conflicto constante entre el id y el superego. El id transmite ciertos impulsos al ego y al superego. En el caso de la atención plena, un impulso sería divagar y concentrarse en otra cosa. El superego se pregunta si debe seguir el impulso o no. A diferencia del id, no simboliza los propios deseos y anhelos, sino las normas y valores sociales. El id y el superego suelen discrepar aquí porque el superego percibe que el deseo no es aceptado por la sociedad. El ego pone fin al conflicto de ambos tomando una decisión que tiene en cuenta a ambas partes. En el ejemplo anterior, el ego decidiría de forma óptima que no se dejará distraer, sino que seguirá centrándose en sí mismo y en su actividad.

A medida que se evoluciona de autotélico a fluyente, las habilidades que ya poseen los individuos autotélicos suelen refinarse y reforzarse. Aunque uno siga persiguiendo un objetivo, éste ya no es la única motivación para llevar a cabo una acción. Entonces uno está intrínsecamente motivado, lo que significa que la propia actividad le motiva.

También se desarrolla el llamado canal de flujo, que describe un equilibrio perfecto entre la infraexigencia y la sobreexigencia, por el que se evita la negatividad. Según los estudios, el flujo no sólo procede de este equilibrio entre capacidad y exigencia, sino que también son esenciales otros desarrollos. Sin esto, uno procesaría constantemente el mismo nivel de dificultad, lo que a la larga también provocaría insatisfacción y aburrimiento.

Sin embargo, según otros estudios, existe una conexión entre el flujo, el consumo de drogas y las actividades ilegales. El aspecto de las drogas puede explicarse principalmente por el hecho de que, supuestamente, las drogas pueden ayudar a uno a bajar y, por tanto, a no seguir influenciado por emociones o pensamientos negativos. Sin embargo, lo que no se tiene en cuenta aquí es que las drogas se convierten con el tiempo en la distracción, ya que uno apenas puede concentrarse en otra cosa cuando sus pensamientos sólo giran en torno a la adicción y los antojos. E incluso si uno puede concentrarse, no puede darse cuenta de sus capacidades debido a las consecuencias negativas del consumo de drogas.

Otros estudios señalan que las experiencias de flujo son una protección contra las influencias negativas, lo cual es una fuerte contradicción. Para conseguirlo, es importante que no te presiones si no consigues fluir inmediatamente o incluso cada vez, esto es perfectamente normal. Esta presión crea estrés, que te aleja aún más de la atención plena, lo que podría hacer que te desesperaras y recurrieras a medios equivocados. Además, no hay que centrar la capacidad de experimentar el flujo sólo en una actividad, sino crear una variedad para que tampoco haya dependencia hacia la acción.

DÓNDE EXPERIMENTAR MEJOR EL FLUJO

Curiosamente, las condiciones de flujo se cumplen con menos frecuencia en el propio tiempo libre que en el trabajo. Esto significa que uno consigue este flujo de energía con mucha más frecuencia y rapidez cuando está en su lugar de trabajo. Esto se debe principalmente a que en el trabajo uno se dedica a una determinada actividad en la que ya se presupone un objetivo.

Por ejemplo, si uno trabaja en banca y recibe el encargo de comprobar la solvencia de un cliente, el objetivo es completar el encargo y dar una calificación. Sin embargo, si uno está en casa o utilizando su tiempo libre, a menudo no tiene un objetivo. Uno intenta pasar el tiempo de la forma más productiva o relajada posible, lo que a menudo da lugar a hacer diferentes cosas a la vez y también a una confusión total. Por un lado, esto te impide concentrarte en una acción concreta, porque siempre hay algo que queda por hacer o que te gustaría hacer. Por otro lado, no hay un objetivo concreto que perseguir.

En tu tiempo libre, lo más probable es que experimentes la sensación de flujo cuando conduces o pasas tiempo con tus seres queridos. Al conducir, una fuerte concentración es un requisito previo para llegar con seguridad y no poner en peligro a otros usuarios de la carretera. El objetivo aquí, por supuesto, describe la llegada.

También puedes endulzar aún más el viaje con música suave o algo similar, por lo que el paso del tiempo es tan repentino y fácil. Cuando pasas tiempo con amigos o familiares, también te centras sólo en hablar con ellos o en las cosas que hacéis juntos. Los objetivos aquí pueden ser animar a alguien, encontrar un conjunto o intercambiar ideas con alguien que pueda darte buenos consejos.

Flujo en el trabajo

ABURRIMIENTO EN EL TRABAJO

Bastantes personas se quejan de que se aburren más de la cuenta durante sus horas de trabajo. Como resultado, el tiempo en el lugar de trabajo pasa sigilosamente y el día parece no tener fin. Así que es comprensible que uno no tenga ningún deseo de volver a ese lugar al día siguiente y se limite a esperar las próximas vacaciones. Aunque tengas el trabajo de tus sueños, siempre habrá aburrimiento.

Esto se debe principalmente a que los hábitos y las rutinas se acumulan con el tiempo. No importa necesariamente si tienes que hacer papeleo normal de un día para otro o si eres un atleta de competición. En ambos casos, en algún momento dejará de ser tan emocionante como antes. El individuo que siempre está en la oficina acabará cansándose de la misma estructura de trabajo y probablemente de las mismas cuatro paredes.

Puede que los deportistas de competición no tengan un horario de trabajo fijo, pero su rutina diaria está estrictamente estructurada. Probablemente siempre se levantan a la misma hora, mantienen la misma dieta y se dedican regularmente a entrenar. Esto también puede llegar a ser aburrido. Al principio, todo parece muy emocionante porque es nuevo para ti. Desconocido. Esto puede sonar muy desmotivador al principio, pero este aburrimiento no tiene por qué ser algo negativo.

Por un lado, fomenta la creatividad; si siempre te gusta la misma rutina, siempre permanecerás atrapado en ella. Sin embargo, si con el tiempo te resulta molesta, surgen patrones de pensamiento alternativos. Te vuelves creativo porque hay un deseo de algo nuevo. Y, por supuesto, el aburrimiento puede ayudarte a relajarte. En cambio, un cardiocirujano, que tiene que realizar cada segundo una operación que salva vidas, estaría constantemente bajo tensión. Por un lado, esto no sólo es malo para la salud, sino que también puede provocar errores o falta de concentración, lo que sería fatal en este caso. Pero si nos aburrimos, podemos sacar nuevas fuerzas para los momentos venideros, lo que siempre aumenta nuestra energía.

Sin embargo, existe una forma negativa de aburrimiento denominada amnesia de varianza. En la amnesia, uno olvida partes de su vida, temporal o permanentemente. Aquí, sin embargo, uno se olvida de las muchas cosas variadas que podemos realizar en nuestra vida, lo que se produce por centrarnos sólo en una cosa concreta, como el trabajo, lo que puede hacer que nos olvidemos por completo de nuestro tiempo libre o de los contactos sociales. Para evitarlo, es importante introducir la varianza en la propia vida desde el principio.

En lugar de ver la misma película todos los días, o utilizar el mismo camino cuando sales a pasear, también deberías ver una serie de vez en cuando y recorrer un camino diferente. Esto puede ser muy útil porque la atención ya no se centra en una sola tarea. Y si se produce la forma de aburrimiento, en la que la diversión ha desaparecido de algo con el tiempo, hay que intentar centrarse en otra cosa, al menos temporalmente, antes de continuar con el enfoque anterior. Cuando se trata del trabajo, puede haber varias causas para que surja un estado de aburrimiento e insatisfacción.

En primer lugar, por supuesto, puede ser la propia profesión. Alguien que disfruta con las aventuras y le gusta estar todo el día de viaje no encontrará placer en archivar o reformatear. El aburrimiento estaría preprogramado aquí. Si es posible, deberías buscar un trabajo que se ajuste a tus intereses y aficiones. Si eso no es tan fácil, al menos deberías buscar algo que tenga cierta coincidencia con tus propias preferencias. Como se ha mencionado a menudo, otro factor de riesgo para la monotonía es la falta de desafíos.

Necesitas retos que estén a la altura de tus propias capacidades. Sin un reto, estarás tan desmotivado que te aburrirás incluso antes de empezar la tarea. Algunos días siempre habrá tareas más fáciles que no supongan un reto, entonces puedes aprovechar los descansos para plantearte retos. Por ejemplo, leer el siguiente capítulo del libro actual o dar un paseo de dos kilómetros. Y durante el propio trabajo, también puedes plantearte retos. Puedes hacerlo -dentro de lo razonable, por supuesto- dificultándote las condiciones de la actividad, por ejemplo, intentando terminar el trabajo en sólo media hora.

Malo para el estado de ánimo en el trabajo son también los compañeros o jefes malhumorados o igualmente aburridos, ya que este estado de ánimo puede calificarse de contagioso. En este caso, todos deberían intentar motivarse juntos. Sin embargo, si no puedes encontrar un denominador común con tus compañeros, deberías plantearte cambiar de trabajo, ya que un ambiente social desagradable en el trabajo puede hacerte infeliz rápidamente.

Tomando estas medidas para contrarrestar el aburrimiento en el trabajo, se puede recuperar la concentración y el enfoque en el trabajo, creando así las condiciones para la experiencia de flujo. La insatisfacción en el trabajo también puede conducir a una falta de felicidad en la propia vida.

CÓMO CONSEGUIR MÁS FÁCILMENTE LA FLUIDEZ EN EL TRABAJO

El empresario suele fijar ciertos objetivos en el lugar de trabajo, como terminar un informe para la semana que viene o reorganizar las estanterías por la noche. Pero esos objetivos a veces también pueden ser bastante ineficaces, porque a veces tiene que pasar algún tiempo hasta que los alcanzas.

Por lo tanto, puede ser muy útil fijarte también objetivos, dividiendo el gran objetivo en pequeños objetivos, por así decirlo. Por ejemplo, en lugar de pensar que el informe tiene que estar terminado para el viernes, puedes marcarte el objetivo de haber escrito hoy un determinado número de palabras. Esto también te dará una sensación de logro más motivadora, ya que alcanzarás muchos objetivos en poco tiempo. Otra ayuda relacionada con los objetivos sería escribirlos, así como las acciones que hay que emprender para alcanzarlos. De este modo, no se pierde la orientación y se tiene presente que es posible alcanzar esa aspiración, haciéndola así tangible. Si surge la sensación de aburrimiento aunque ya hayas tomado todas las medidas posibles, también puede ser una buena idea ocuparte con algo nuevo. Esto puede ayudarte a sacar nuevas fuerzas y a encontrar una nueva inspiración, lo que sin duda puede tener un efecto positivo en tu vida profesional y privada.

Aunque a menudo es difícil, sobre todo cuando te encuentras en situaciones difíciles de la vida, debes intentar mantenerte lo más optimista posible y reconocer los pensamientos negativos, lo que también te permitirá sustituirlos rápidamente por otros positivos. Si te mantienes pesimista, es casi imposible entrar en la experiencia del flujo, porque careces de toda concentración y motivación.

Especialmente en los ámbitos profesionales en los que pasas la mayor parte del tiempo en un lugar cerrado y sentado, es aconsejable que te levantes y te muevas entre horas. Si es necesario, también puedes aprovechar tus descansos para ello. El movimiento libera endorfinas y el aire fresco suele ayudar contra los dolores de cabeza.

Un lugar de trabajo limpio y ordenado también suele ser importante para la motivación y el bienestar. Ya no te apetece entrar en la oficina cuando sabes que allí acechan el caos y el desorden. Si, a pesar de todos tus intentos, alguna vez no consigues entrar en la corriente, no hay por qué preocuparse. Incluso una persona autotélica no está en él todo el tiempo, así que es perfectamente normal que no funcione durante un tiempo. Pero experimentarás mejor el siguiente flujo.

La importancia del flujo

ENTONCES, ¿POR QUÉ ES TAN IMPORTANTE EL FLUJO?

Una de las principales razones por las que la fluidez tiene tanta importancia es que previene contra el estrés, que se sabe que es malo para las personas.

Una cuestión importante aquí es, en primer lugar, qué es realmente el estrés. En general, es un mecanismo natural que ayuda a los seres humanos a sobrevivir a las amenazas desencadenando el modo de lucha o huida. La mayoría de las veces, el cuerpo se ve afectado por el estrés sólo durante un breve periodo de tiempo, de modo que uno se vuelve más alerta y desarrolla plenamente sus capacidades, precisamente para garantizar la supervivencia. Un tipo de estrés se describe como eustrés, que puede considerarse más bien positivo, ya que libera hormonas de la felicidad y garantiza un aumento de la confianza en uno mismo. Sin embargo, si se produce estrés crónico, o dis-estrés, éste tiene muchas consecuencias negativas para la psique y el cuerpo, ya que éste permanece permanentemente en una especie de modo de alarma.

Los desencadenantes del estrés son muy individuales, ya que cada persona experimenta diferentes estímulos como leve o fuertemente desagradables. Sin embargo, hay factores que desencadenan el efecto del estrés en la mayoría de las personas. Algunos ejemplos son los conflictos con otros seres humanos, la presión, la tristeza, el exceso de trabajo, la presión para rendir y las preocupaciones.

El efecto del estrés lo desencadena el cerebro, que libera hormonas del estrés como la adrenalina o el cortisol. Éstas influyen en diversos procesos metabólicos, por lo que las consecuencias pueden ser fatales.

Si el cerebro libera repetidamente o incluso permanentemente las hormonas mencionadas, esto tiene muchas consecuencias negativas. Por un lado, aumenta la tensión arterial porque aumentan los latidos del corazón y bombea la sangre más deprisa por las venas.

Esta acción consume más energía de la que consumiría una tensión arterial normal. Por lo tanto, el cuerpo se ve obligado a ahorrar la energía que necesita en otra parte. Suele hacerlo en el área de la digestión, lo que puede provocar estreñimiento y, a menudo, problemas estomacales.

Los latidos rápidos del corazón también suelen tentar a la gente a inspirar y espirar rápidamente, lo que se denomina respiración superficial, porque el estrés provoca pánico. Esto hace que el cerebro obtenga menos oxígeno, pues la respiración ya no absorbe suficiente, lo que es insuficiente para el cerebro. Esto conduce rápidamente a una peor memoria, tanto a largo como a corto plazo, y a dolores de cabeza. Por tanto, la actividad cerebral se deteriora.

Como mucha gente ya sabe, esto hace que los músculos se tensen mucho, sobre todo en la zona de los hombros, el cuello y la espalda, ya que aquí los músculos tienen mejor riego sanguíneo. A la larga, esto puede llegar a ser muy doloroso y provocar calambres. Además, esto dificulta la relajación, lo que significa que la tensión permanece durante algún tiempo. Otra gran desventaja es que conduce a un debilitamiento del sistema inmunitario. Este comportamiento de estrés del organismo bloquea las células de defensa. Como resultado, enfermas más rápidamente y tu propio estado sólo empeora.

A menudo también hay trastornos del sueño y, por tanto, fatiga intensa. Aunque sientas que tienes que dormir toda la semana, no puedes conciliar el sueño por la noche. Tu corazón y tus pensamientos se aceleran, ya estás pensando en todo lo que hay que hacer o pagar al día siguiente o al mes siguiente. No dormir lo suficiente también tiene consecuencias negativas para el organismo, empeorando aún más el sistema inmunitario, por ejemplo. Muchas personas con estrés crónico también sufren posteriormente fuertes migrañas, que siempre parecen reaparecer. Tienes un dolor punzante en el

Sientes el cráneo como si alguien lo golpeara con un martillo, tu visión se deteriora y tu circulación se va por el desagüe. Si además tienes que llamar para decir que estás enferma, esto causa aún más estrés, porque ¿cómo se supone que vas a hacer todo lo que hay que hacer? La libido también disminuye con el tiempo, lo que también es fatal para la salud, ya que las relaciones sexuales o la masturbación, por un lado, liberan dopamina y serotonina, las conocidas hormonas de la felicidad, pero también fortalecen el sistema inmunitario, lo que te hace menos susceptible a las enfermedades y, sobre todo, a los cursos graves de enfermedades.

Todas estas sensaciones y molestias tienen una influencia muy negativa en nosotros, en nuestra alma y en nuestra vida misma, incluso a corto plazo. Como el cuerpo está sometido a una gran tensión, esto conduce a enfermedades más graves, que a menudo pueden ser permanentes o de mayor duración. Éstas pueden ser psicológicas o físicas. En el aspecto físico, pueden ser enfermedades cardiovasculares, por ejemplo, relacionadas principalmente con la hipertensión y la circulación rápida.

Sin embargo, también puede dar lugar a cosas como la diabetes, que tienen un gran impacto en la vida, ya que la comida forma parte de la vida cotidiana de los seres humanos y, por tanto, desempeña un papel bastante importante. Las erupciones también pueden ser una consecuencia, que no sólo son dolorosas y angustiosas, sino que a menudo también provocan vergüenza si están en lugares visibles, aunque no sea culpa de la persona. Las personas que padecen neurodermatitis lo notan especialmente, ya que se intensifican tanto la inflamación como el picor de la piel. Si intentas detenerla rascándote, la inflamación empeora progresivamente. Si no te rascas, la tensión aumenta aún más. Lo mismo ocurre con la psoriasis y la urticaria.

Debido al modo de ahorro de energía del organismo, además de los problemas de estreñimiento, ardor de estómago, diarrea e incluso llega a provocar úlceras de estómago que deben tratarse inmediatamente.

El propio cerebro también se ve abrumado por el estrés constante, lo que puede provocar una reducción de la función cerebral, así como una disminución de las vías nerviosas. Esto también puede provocar un derrame cerebral. Como puedes ver, todas las zonas del cuerpo se ven afectadas por el estrés. Aún no se han mencionado los órganos sensoriales, pero también pueden sufrir daños como consecuencia de ello.

Se producen principalmente en el área auditiva, por ejemplo en forma de acúfenos, por los que las personas suelen percibir un sonido agudo que, sin embargo, no procede del exterior. También puede producirse una pérdida de audición, en la que las alteraciones de la circulación sanguínea provocan una pérdida de audición unilateral. Psicológicamente, muchos pacientes de estrés sufren burn-out, que te noquea por completo, por así decirlo, y te apaga como una vela.

También puede producirse una depresión permanente, que dificulta hacer las cosas, lo que puede resultar aún más estresante. Al mismo tiempo, existe una fuerte sensación de emociones negativas, como tristeza intensa o sensación de vacío emocional. Ambas pueden ser muy angustiosas, ya que las personas con depresión perciben tanto la emoción aplastante de la falta de sentido como la ausencia total de cualquier tipo de sentimiento, hasta tal punto que les quita la alegría de vivir.

Además, a menudo se siente una gran soledad, ya que el entorno social suele ser poco comprensivo con estas situaciones, pues a menudo se supone que sólo tenemos que funcionar. Cuando de repente esto ya no es posible, muchas personas no lo entienden. Pero no sólo el caso extremo de estrés crónico puede provocar tales consecuencias, sino también cosas cotidianas como la insatisfacción. Si uno está permanentemente insatisfecho o constantemente acosado por ella, también enferma. Y las enfermedades, así como el dolor asociado a ellas, conducen a una nueva insatisfacción, porque uno ya no es capaz de hacer las cosas como antes.

De nuevo, hay una sensación de soledad, ya que parece que los que te rodean siguen adelante con sus vidas y disfrutan de ellas, mientras tú mismo te sientes atrapado. Además, también puede resultar difícil seguir socializando con sentimientos tan negativos. Por supuesto, esto refuerza aún más la impresión de estar solo, porque lo estás muy a menudo.

Esto conlleva mucha frustración. No sólo en relación con el mundo, ya que uno suele sentirse injustamente tratado por él en tales situaciones, sino también en cierto punto debido al hecho de que uno se culpa rápidamente a sí mismo por haber llegado donde está ahora, aunque esto no esté justificado. Uno se compara con otros congéneres y no comprende por qué no es capaz simplemente de vivir como ellos. La insatisfacción también puede provocar graves problemas psicológicos, como depresión o trastornos de ansiedad, que además pueden convertirse rápidamente en una enfermedad crónica. Y salir de esto puede resultar muy difícil y agotador. Y precisamente por eso es tan importante fluir. Es una forma de que todos los individuos de este mundo, independientemente de su cultura, origen o sexo, lleguen a ser felices. Aunque esta felicidad a menudo resulte no ser permanente, sigue siendo importante porque nos hace olvidar el estrés o incluso la insatisfacción. Mediante la fluidez, podemos así mantenernos sanos, lo que sin duda es una gran prioridad para ti.

ESTO ES LO QUE LA FELICIDAD HACE A NUESTRO CUERPO

Igual que el cerebro libera hormonas durante el estrés, también lo hace durante los sentimientos de felicidad.

Una hormona de la felicidad muy conocida es la dopamina, que es liberada por las neuronas del mesencéfalo antes de pasar a la parte inferior del cerebro anterior y frontal. En el cerebro anterior, las neuronas producen ahora sustancias que pueden compararse con el opio, ya que a veces produce un estado similar a la intoxicación. En el cerebro frontal, se produce un aumento del rendimiento cerebral, que refuerza tanto la atención como la memoria. La dopamina se asocia a menudo con la anticipación. Su función es transmitir los estados emocionales, así como las emociones, pero también la circulación sanguínea y el funcionamiento de los órganos internos y los músculos. A menudo se obtiene dopamina al aire libre y mediante el ejercicio, lo que probablemente explica por qué tantos deportistas de competición tienen a menudo la experiencia del flujo, ya que tienen una elevada producción de dopamina.

La dopamina también es importante porque la hormona de la felicidad, la noradrenalina, se produce a partir de la dopamina. Esta producción tiene lugar en el sistema nervioso central y en las glándulas suprarrenales durante el estrés, que puede ser tanto de origen físico como psicológico. La noradrenalina te mantiene alerta y atento en situaciones de estrés, lo que te permite afrontarlas.

La noradrenalina también aumenta la motivación, que es importante para el flujo, sobre todo en forma interna, así como el rendimiento, que puede aumentar en flujo. La serotonina también es de gran importancia. Interviene en procesos que tienen lugar en el sistema nervioso central. Afecta a la calidad y cantidad del sueño, la percepción del dolor, el comportamiento sexual y el estado emocional. La serotonina se libera principalmente en primavera y verano, porque la luz aumenta la producción y liberación de esta hormona. En invierno ocurre lo contrario y predomina el antagonista de la serotonina, la melatonina.

Su función es permitir el sueño, que se produce principalmente en la oscuridad, por lo que se segrega más en los meses oscuros. Esto suele provocar un gran cansancio y pereza. Además, puede provocar una disminución de la libido, mal humor y fuerte ansiedad, que son consecuencias de la deficiencia de serotonina. Sin embargo, no sólo es necesaria la luz, sino también una dieta equilibrada, ya que a través de ella se absorbe triptófano, que también es necesario para la producción de serotonina.

Las endorfinas, en cambio, se liberan durante las lesiones que desencadenan formas graves de dolor. Alivian el dolor y proporcionan una especie de intoxicación en la que el dolor es soportable y soportable. También regulan la sensación de hambre y el apetito sexual. Las endorfinas se liberan principalmente con el ejercicio, por lo que muchas personas experimentan el llamado "subidón del corredor". Esto se debe a que están muy agotados, pero apenas notan el dolor muscular y la fatiga porque la serotonina y las endorfinas liberadas los ahogan.

Otra hormona bien conocida que probablemente todo el mundo encuentra una o más veces en la vida describe la hormona de la felicidad, la fenetilamina. Es responsable de los sentimientos de placer y felicidad y se libera por factores tanto físicos como psicológicos. Un motivo físico describe aquí, por ejemplo, de nuevo los deportes de resistencia. Un factor emocional aquí sería el sentimiento de amor. Si uno está enamorado, la fenetilamina proporciona las conocidas sensaciones de mariposas en el estómago, palpitaciones rápidas del corazón y una repentina falta de concentración.

El último ingrediente de esta importante serie es la oxitocina. Es conocida por iniciar el parto al final del embarazo, así como la producción de leche. Como estas situaciones pueden ser muy estresantes, la oxitocina reduce la ansiedad y el estrés. Al mismo tiempo, fomenta la sensación de bienestar, la capacidad de empatizar y las habilidades sociales. Por eso se segrega especialmente en momentos caracterizados por el amor y la confianza.

Aunque todas estas hormonas de la felicidad parecen activarse con bastante facilidad y rapidez, el cerebro también las descompone con bastante rapidez. El porqué de esto puede explicarse mediante un experimento realizado por James Odis en los años 50, en el que se activaron permanentemente las hormonas de la felicidad de ratas, lo que finalmente las llevó a la muerte, ya que se olvidaron de comer, beber y dormir debido a este sentimiento positivo.

Sin embargo, todos los momentos marcados por la felicidad tienen consecuencias positivas para nuestra salud. Los estudios han demostrado que las personas cuyo bienestar es especialmente fuerte comen más sano y es más probable que tomen fruta que chocolate. Sobre todo, una dieta sana también reduce el riesgo de padecer diabetes o enfermedades cardiacas. Además, sus niveles de actividad física son superiores a los de las personas infelices. La satisfacción también conduce a dormir mejor por la noche. Esto conduce a un aumento de la concentración y la productividad, y también es más probable un peso corporal saludable. Mientras que el estrés debilita el sistema inmunitario, la felicidad lo mejora. La razón podría ser la alteración de la actividad del eje hipotalámico-hipofisario-suprarrenal, que también regula el sistema inmunitario.

El estrés provoca niveles elevados de cortisol y también de adrenalina. Sin embargo, las personas que son felices tienen niveles de cortisol menos elevados, lo que las protege contra los efectos secundarios del estrés.

Las personas que son felices suelen reír mucho. Esto es algo positivo, porque la risa y los sentimientos de felicidad disminuyen la tensión arterial, lo que reduce significativamente la probabilidad de padecer enfermedades cardiacas. Como la felicidad tiene tantos efectos beneficiosos para la salud, incluso prolonga la vida, según un estudio. Los individuos infelices tienen un riesgo mayor del 14% de morir antes.

Sobre todo, la felicidad también tiene grandes ventajas cuando se trata de envejecer. Reduce el dolor.

Los pacientes con artritis, una inflamación de las articulaciones, se benefician de ella en particular porque aumenta su amplitud de movimiento, lo que también puede ralentizar la progresión del dolor. Es comprensible que las hormonas de la felicidad desempeñen un papel importante, sobre todo en el trabajo. Como ya se ha dicho, pasamos allí gran parte de nuestra vida y también hay muchos días que preferiríamos pasar en casa o en cualquier otro lugar.

Para fomentar las hormonas de la felicidad antes mencionadas y también el flujo, se pueden crear mejores condiciones en el lugar de trabajo. Si trabajas en una oficina, por ejemplo, debes hacerla lo más luminosa posible, ya que así se libera más serotonina y, de lo contrario, se produce pereza. También es práctico hacer algo de deporte durante los descansos o hacerlo en tu tiempo libre, para que se liberen endorfinas y dopamina. Por supuesto, no siempre es posible cumplir todos estos puntos y seguir un estilo de vida saludable en todo momento, pero incluso en situaciones estresantes se libera noradrenalina, que también te permite escapar de ellas rápidamente.

¿QUÉ TIENE QUE VER TODO ESTO CON EL FLUJO?

La experiencia de flujo elimina mucho estrés de la vida de una persona, ya que hace que muchas actividades, incluso el trabajo más agotador, sean más agradables. Esto favorece la salud física y mental, que debería ser primordial, ya que apenas podemos vivir sin ella. Aunque padezcamos enfermedades tratables, como la diabetes, como consecuencia del estrés, éste nos complica la vida, ya que tales enfermedades duran toda la vida y a menudo son también muy debilitantes.

Por eso es tan importante comprender qué malas consecuencias pueden evitarse realmente mediante la fluidez. Aquí es donde se producen los sentimientos de felicidad y, por tanto, las influencias positivas sobre nuestro cuerpo y nuestra alma. Y ésta debe ser nuestra prioridad.

FLUJO, ¿SÍ O NO?

Hay una respuesta muy clara a esta pregunta: Sí. Como te ha mostrado este libro, fluir es una capacidad que toda persona posee y que además puede utilizar. Hay ciertas condiciones que no sólo hacen más probable la experiencia del flujo, sino que también la intensifican. Esto conduce a una mayor satisfacción en la vida y uno es feliz más a menudo. Uno no se siente agobiado por el trabajo que tiene que hacer casi todos los días, sino que puede disfrutarlo mientras el tiempo pasa volando y uno ya se acerca a las próximas vacaciones casi sin darse cuenta. Mucha gente experimenta estrés sobre todo en el trabajo, pero mediante el evento de flujo a menudo puedes evitarlo.

Sin embargo, no hay que presionarse demasiado, porque esto interrumpirá la experiencia de flujo, y en su lugar hay que ser consciente de que siempre habrá días en los que no se entre en el flujo, lo cual también es completamente natural. Todo el mundo tendrá momentos estresantes e insatisfechos en su vida, porque eso es bastante normal para nosotros los humanos y forma parte de la vida. Una ventaja de esto es que nos hace apreciar aún más los momentos de felicidad, al igual que el fluir, y podemos llevar nuestra vida con normalidad.

Las situaciones estresantes en sí mismas no son una causa directa de preocupación, pero si estás permanentemente bajo tensión, esto puede tener muy rápidamente un efecto muy negativo en tu salud. Por eso son tan importantes la fluidez y las hormonas de la felicidad asociadas. No sólo nos hacen la vida más fácil y agradable, sino que también mejoran nuestra salud y reducen nuestra susceptibilidad a ciertas enfermedades. Nuestra competencia social aumenta y podemos aprender más de nuestros semejantes y experimentar más con ellos, lo que nos permite tener nuevas experiencias y hace que nuestra vida merezca la pena.

Por lo tanto, hay una respuesta claramente decisiva a la pregunta de si hay que buscar o no las condiciones que requiere el flujo, porque nos hace más felices no sólo en el trabajo, sino también en nuestro tiempo libre, durante la práctica de deportes, en largos viajes en coche y con nuestros seres queridos. El flujo representa una parte importante de la respuesta a cómo una persona puede llegar a ser feliz, de la que se ocupan desde hace décadas tanto personas individuales como científicos y psicólogos.

Así que si tú también quieres disfrutar de la experiencia de fluir, la única recomendación es que analices qué es lo que realmente te interesa y si hay demasiadas rutinas en tu vida que podrían alejarte del fluir. Intenta concentrarte en tus actividades, disfrutar de ellas y experimentar así el flujo.